Le sandwich de mammouth

ILLUSTRATIONS
DE LIONEL
LE NÉOUANIC

Chapitre 1

Ran en a assez.

On se moque toujours de lui
parce qu'il est petit.
Hier, quand son grand
frère a rapporté de la
chasse un énorme cerf,
on l'a félicité. Et quand lui,
Ran, a montré le hérisson qu'il avait
capturé, toute la tribu a rigolé.

Les rires moqueurs résonnent encore
dans sa tête. Aussi, ce matin,
Ran s'est levé de très mauvais poil.
– Tu vas chasser ? lui demande
son frère. Que vas-tu nous
ramener ce matin ? Une souris ?
– Tu ferais mieux de venir
avec moi cueillir des **baies**,
lui dit sa mère.

– Non, réplique Ran, furieux, je vais
chasser. Et cette fois, je ramènerai
un rhinocéros ou un ours !

– Pourquoi pas un mammouth ?
se moque son frère.

Ran devient tout rouge :

– Un mammouth,
si tu veux ! Tu vas voir
ce que tu vas voir.

Car, pendant la nuit, Ran a beaucoup réfléchi. Il a compris que, lorsqu'on n'a pas trop de **biscoteaux**, il faut se servir de son cerveau…

Il file vers la prairie. Et là, près d'une mare, il aperçoit un gros mammouth solitaire. Énorme, monstrueux. La **proie** idéale !

Le genre de bête qui vous écrase avec le pied comme une vulgaire noisette.

Chapitre 2

Silencieux comme un serpent,
Ran rampe jusqu'au mammouth.
Sans hésiter, il grimpe sur son dos
en s'agrippant à ses longs poils.
Aussitôt parvenu au sommet
de son crâne, **BING!**
il lui flanque
un grand coup de massue.

Mais le mastodonte ne bouge pas
d'un cil. C'est tout juste
s'il a senti une petite
chatouille.

Ran frappe, **BING!**

et frappe, **BING!**

et frappe
encore. **REBING!**

Mais la grosse bête
continue à boire
paisiblement l'eau de la mare.

Ran réfléchit un peu. Et s'il lançait
sa massue très haut dans le ciel ?
Elle retomberait avec beaucoup
plus de force. Ran prend de l'élan.
La massue vole vers le ciel…

… redescend
en sifflant…

… rebondit sur le crâne
du mammouth…

… et vient taper les fesses de Ran.

Le mammouth n'a pas bronché.
En revanche, Ran a les fesses
toutes rouges.
« Ce mammouth commence
à m'énerver, pense Ran. Mais
je n'ai pas dit mon dernier mot. »

WHHIOUOUOU!

14

Chapitre 3

Aussitôt, Ran descend le long
de la queue du mammouth comme
sur un toboggan. Il a décidé
de creuser un grand trou.
Avec un peu de chance,
le mammouth tombera dedans !

Ran creuse, creuse et creuse
avec ses mains.

Hélas, deux heures plus tard,
son trou est toujours trop
petit : on pourrait tout
juste y piéger une souris !

Ran se relève, désespéré.
Il se retrouve alors nez à nez
avec le mammouth.
La grosse bête le fixe d'un air
mauvais.

Ran pousse un cri
et s'enfuit à toutes jambes.
Le mammouth, comme
enragé, se met à **charger**.
Ran court à perdre haleine
vers les rochers.
Vite ! Il faut se mettre à l'abri !

Ran atteint juste à temps les rochers.
Il grimpe, grimpe et grimpe
sans s'arrêter.
Soudain, son pied glisse
sur une pierre **en déséquilibre**.

Ran se rattrape de justesse.
Mais la grosse pierre dévale la pente,
ricoche sur les autres cailloux et…

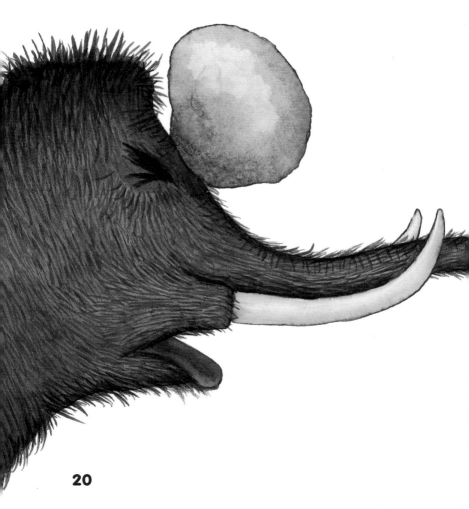

… tombe pile sur le crâne
du mammouth !
Le monstre **titube** puis…

BOUM !

… s'écrase
raide mort.

Le soir, au menu, il y a du sandwich de mammouth pour tout le monde.

Et devant la tribu émerveillée,
Ran explique à sa façon
ce qui s'est passé :
– Voyez-vous, mes amis, j'ai attiré
la bête dans un piège… et là,
je l'ai assommée en faisant rouler
une grosse pierre.
Tous les guerriers **l'acclament**.
Ran vient d'inventer une nouvelle
façon de chasser.